AF242928

UNE FLEUR SUR UN TOMBEAU

OU

VIE DU PÈRE JEAN

Pro Deo, pro Patria.

Par l'Abbé BOUDEVILLAIN

MEMBRE DE PLUSIEURS SOCIÉTÉS SAVANTES.

Chéri de Dieu et des hommes, sa
mémoire est en bénédiction. —
Ecclésiast., 45.

PARIS

C. DILLET, LIBRAIRE-ÉDITEUR, RUE DE SÈVRES, 15

CHATEAUDUN

LIBRAIRIE POUILLIER-VAUDECRAINE

—

1867

CHATEAUDUN, IMPRIMERIE AUG. LECESNE.

UNE FLEUR SUR UN TOMBEAU

ou

VIE DU PÈRE JEAN

AVANT-PROPOS

Il y a quelques années, je parcourais le cimetière de la petite ville de ...., je priai le gardien de m'indiquer la tombe d'un ouvrier que j'avais connu et qu'on appelait le père Jean ; ni croix, ni inscription pour la désigner ; dans ce pays elles étaient si rares, qu'on peut dire qu'il n'y en avait pas. Je me mis alors à genoux et pris la résolution d'élever ce monument à sa mémoire, voilà pourquoi je l'intitule : *Une fleur sur un tombeau.*

Je présente ici un type réel, rien donc de forcé, et nul de ceux qui l'ont connu me démentirait. Il ne faudrait pas remonter bien loin pour le retrouver, il existait encore en 1834, et, comme il n'y a guère que 30 ans à nous en séparer, il ne serait pas impossible d'en rencontrer de semblables.

J'ose dire cependant que cela devient rare ; par quel motif? par celui que l'esprit religieux et surtout l'éducation de famille ne sont plus les mêmes.

Sans doute on est mieux instruit sous d'autres rapports, on lit davantage, mais quoi? Des brochures qui viennent dire : *Qu'il faut vivre à son aise; qu'il est dur de travailler, que pour s'enrichir tous moyens sont bons ; que nous n'avons pas d'âme ou qu'elle meurt avec nous;* qui nient *jusqu'à la divinité de Notre Seigneur J.-C.,* vérité incontestable cependant et qui, ôtée à l'homme, le rend le plus malheureux et le plus inexplicable des êtres ; ensuite, comme tout se tient et qu'un anneau brisé la chaîne croule entièrement, conclusion : *rêves anarchiques contre Dieu et contre la société.*

Le père Jean avec son livre d'heures et son chapelet me paraît non-seulement chrétien mais philosophe sublime. Pour lui les questions sont claires; qu'on juge par les actes.

On connaît généralement les faits qui concernent les grands personnages, cependant il y en a encore beaucoup d'ignorés. Il nous semble que si, chaque année, on dressait un dictionnaire qui racontât les traits des personnes qui se distinguent par leur tendresse paternelle, par leur amour filial, par une compassion attendrissante et bienfaisante envers les malheureux, par un zèle vif et éclairé pour les établissements utiles, par des actes de courage et de vertu poussés jusqu'à l'héroïsme, ce serait une bonne chose.

Que de traits admirables ne font pas quelquefois les ouvriers et les paysans qui restent souvent couverts du voile de l'oubli ? Seront-ils toujours ignorés ainsi que les noms de ceux qui les pratiquent ? Il ne le faut pas. Voilà pourquoi nous sommes à l'œuvre.

Celui dont nous écrivons la vie a vu les règnes de Louis XV et de Louis XVI, la République, le Directoire, le Consulat, le premier Empire, la Restauration, le commencement du règne de Louis-Philippe ; jamais hostile, il a toujours été disposé à obéir.

1. ENFANCE.

Vers 1746, naquit à ...., Jean-Baptiste L. Nous ne savons si les parents eurent d'autres enfants ; il est certain qu'ils l'élevèrent bien et lui donnèrent l'exemple. Jean en profita, car sa conduite ne se démentit jamais dans la suite.

Il sut de bonne heure sa prière, contrairement à ce qui se passe dans beaucoup de maisons ; en effet nous avons trouvé des enfants âgés de dix ans qui la connaissaient à peine. Cela tient sans doute à ce que la mère n'y veille pas ; c'est à elle surtout que la charge est dévolue. Une mère qui néglige ce soin montre qu'elle ne comprend pas ses devoirs et s'expose à de grands regrets dans l'avenir. Outre les grâces spéciales qu'obtient la prière, c'est une arme puissante dans les mains de l'enfant pour se protéger et un moyen de faire descendre sur ses parents les bénédictions du ciel.

Il est probable que ceux de Jean dûrent à cet usage de voir leur fils pratiquer ce qu'ils lui enseignaient. Personne donc n'y perdit ; celui-ci ne fut que plus respectueux et eux ne l'aimèrent que davantage. Qu'on dise ce qu'on voudra, la maison où on reçoit de tels principes y gagne de toute manière ; s'il y a exception, c'est rare. Il n'était point gâté ni pour la nourriture, ni pour le vêtement ; simplicité en tout, comme il convient du reste à la classe ouvrière.

2. ÉCOLE.

Quoiqu'à cette époque les écoles *proprement dites* ne fussent guère répandues même dans les petites villes, il y avait néanmoins partout des hommes et des femmes qui se dévouaient à l'instruction des enfants. Peu rétribués, quelquefois vivant d'aumônes, ils ne négligeaient rien pour faire de bons élèves. Ils n'avaient point, comme de nos jours, des maisons vastes et belles, ils se contentaient d'une seule chambre, où souvent les écoliers, il faut le dire, n'étaient ni sainement, ni commodément. Sans remonter si loin, nous nous rappelons que l'instituteur qui nous donna ses soins n'avait à sa disposition qu'une salle assez restreinte ; cependant 150 garçons s'y trouvaient réunis chaque jour de l'année, le mois d'août excepté.

Tout en louant les instituteurs de notre temps, nous pouvons dire que ceux de ces différentes époques s'acquittaient de leurs devoirs de la manière la plus consciencieuse. L'intérêt ne les guidait nullement et ils se regardaient comme tenus à une vie de sacrifices. Le principe religieux était là.

. Rendons aussi justice à la religion ; jamais ennemie que des mauvaises lectures, elle a toujours mis les fidèles à même de s'instruire. Aux diverses époques de notre histoire, nous la trouvons à la tête du vrai progrès et ne jamais s'en départir. Aujourd'hui encore ne suit-elle pas le mouvement qui se produit et les évêques ne sont-ils pas les premiers à encourager ?

Qu'on nous permette ici quelques observations :

1º N'est-il pas à désirer qu'une plus grande liberté soit accordée aux instituteurs pour les livres à mettre entre les mains de leurs élèves ? Combien de bons ouvrages sont frappés d'ostracisme ! Il nous semble que le comité local serait apte dans le choix à établir.

2º Malgré tout l'élan donné, l'expérience nous fait craindre que, dans beaucoup de campagnes, la plus grande partie ne profite pas des sacrifices qu'on s'impose. On ne lit point dans la semaine ; on ne lit même pas le dimanche, car si on le faisait ce serait à l'église, justement presque tous sont sans livre et se tiennent les bras croisés. On n'écrit guère plus. Combien de garçons sont allés à l'école et, en cas d'absence, seront incapables de correspondre avec leurs parents! Combien de filles, après un certain temps, peuvent à peine mettre leur signature au bas des actes les plus importants! La classe d'adultes, il est vrai, répond à ce besoin, mais dans les localités où il n'y a point d'institutrice, les filles se trouvent nécessairement privées de cet avantage. Il est même à désirer que dans les petites communes l'institutrice soit préférée. — Avec elle les garçons s'instruisent aussi bien et les filles apprennent divers travaux utiles à leur sexe.

3° Malgré la surveillance qui cependant, il faut l'avouer, se fait avec soin, de mauvais livres sont répandus dans les campagnes, c'est ceux-là qu'on préfère.

4° Si l'on est abonné à des journaux, que lit-on avant tout? les feuilletons-romans et les articles scandaleux.

5° Nous entendions dernièrement des autorités très respectables s'écrier que, depuis la profusion des écoles, les crimes avaient diminué considérablement.

Il y aurait une statistique à faire ; ce serait d'examiner quel est le degré de science ou d'ignorance de ceux qui sont traduits en cour d'assises et en police correctionnelle. Nous craignons que le résultat ne soit pas en faveur d'un principe émis d'une manière *si absolue*.

Nous pouvons donc dire que c'est juste lorsque l'éducation est religieuse ; lorsqu'elle ne l'est pas, non. N'avons-nous pas souvent remarqué, et d'autres avec nous, que dans les campagnes, voire même dans les villes, les plus turbulents, les plus difficiles à conduire étaient ceux qui avaient une certaine dose d'instruction. Combien qui, après avoir lu des débats criminels, ont cherché à imiter les plus célèbres personnages? Ne trouve-t-on des conspirateurs, des hommes cupides de places et d'honneurs, que parmi les ignorants? N'est-il pas arrivé souvent au jeune homme un peu instruit de dire : *fodere non valeo*, je ne puis travailler la terre.

Si, comme tout le monde s'accorde à le dire, les bras manquent à l'agriculture, si on se plaint avec juste raison que les campagnes sont désertes et que les grands centres regorgent, quelle en est la cause? Ne le doit-on pas à l'idée de bien-être qui s'est emparée des masses? Si encore les hommes seuls étaient entraînés par l'attrait, soit d'une plus grande liberté, soit des amusements! La jeune fille elle-même suit ce mouvement, et, au lieu de filer sous le toit de chaume ou de soigner la ferme, rêve une position où, le goût de la toilette lui enlevant toute économie, brisera peut-être bientôt la barrière entre elle et la séduction.

Le recensement qui vient d'avoir lieu nous montre la population des campagnes en notable diminution. Plusieurs départements ont perdu beaucoup, ceux qui accusent de l'augmentation ne peuvent la porter que pour les grands centres; — mariages moins nombreux, cela se conçoit.

Jean apprit à lire principalement pour connaître son catéchisme, suivre les offices de l'église; il apprit aussi à écrire et à calculer pour se rendre compte de ses affaires et n'être pas toujours obligé d'en donner connaissance aux autres.

3. JEUNESSE.

La jeunesse doit prendre d'autant plus de précautions pour éviter le mal qu'elle a des passions plus vives, moins d'expérience. C'est l'époque qui prépare la vie entière. — *Ce que l'on n'amasse pas dans la jeunesse, comment le retrouvera-t-on dans l'âge mûr ? — Ecclés., 25.*

Les jeunes gens de notre temps lisent peu généralement les ouvrages sérieux, il y en a sans doute qui sont très savants, mais cette science, nous l'avons dit dans le chapitre précédent, si elle n'est pas dirigée par la religion, peut devenir un ferment de trouble et de corruption pour la société, car il est possible qu'on ait à la fois l'esprit cultivé et le cœur pervers.

Il n'est plus de bon ton aujourd'hui d'être impie au point de nier l'existence de Dieu, mais les divers systèmes *philosophico-théologiques* tendent à peu près à ce but.

Enlever à Dieu sa spiritualité, sa liberté, sa justice, sa miséricorde, sa puissance et faire de sa perfection un composé de toutes les imperfections, telles sont les conséquences du Panthéisme. Si tout compose l'Être-Dieu, si chaque homme est une partie de la Divinité, comme l'homme est sujet à l'erreur et au péché, erreur et péché sont alors choses impossibles. Avec lui il n'y a plus de morale, car il n'y a plus de liberté, tout étant un écoulement obligé de la substance divine.

N'admettre d'autre règle de croyance que la raison, qu'elle seule doit juger en dernier ressort de ce qui est ou non la vérité, c'est méconnaître les bornes de l'esprit humain. L'expérience des siècles passés, par les erreurs, les variations, les contradictions et le décousu d'idées de ce système, a parfaitement démontré son insuffisance.

Sous quelque forme qu'il se présente, le *rationalisme* laisse la vertu sans motif, les devoirs sans base, l'homme sans espérance, les lois sans frein, la société sans lien.

La raison est quelque chose, elle précède la foi, elle

est une participation de la raison divine, mais elle n'est pas tout.

Il y en a qui regardent toutes les religions comme bonnes en sorte qu'ils n'en pratiquent aucune ou ne prennent que ce qui les arrange. On peut les appeler *indifférents.*

Écoutons d'abord l'apôtre. — Eph.-4.-17.-19.

« Ceux qui rejettent la vraie foi n'ont pour se conduire d'autres principes que la vanité de leurs pensées, ils ont l'esprit plein de ténèbres, sont éloignés de la vie de Dieu à cause de l'ignorance où ils sont et de l'aveuglement de leur cœur; alors ayant perdu tout espoir de salut, ils s'abandonnent à la dissolution sans aucune crainte et se plongent avec une ardeur insatiable dans les plus honteux désordres. »

Rejeter la vraie foi ou être indifférents nous paraît tout un. Par suite de cet état les peuples se dégradent, les courages s'attiédissent, l'héroïsme disparaît, le droit public est foulé aux pieds, l'autorité méconnue et les personnes les plus respectables menacées.

Les jeunes gens qui ont de la fortune mènent la vie à grandes guides, tiennent au confortable, mais souvent tout leur échappe vite, soit en plaisirs qui coûtent et ruinent la santé, soit par le milieu où ils sont obligés de vivre. — Sait-on qu'il faut de jolis émoluments pour pouvoir figurer dans le monde ? — Sait-on que le luxe est devenu fort exigeant et que beaucoup ne savent plus comment y subvenir ? — Tous se plaignent d'être pauvres. — Le progrès n'est donc pas un bien ?

Par progrès nous n'entendons pas seulement la marche en avant de l'industrie, les innovations en ce genre, les perfectionnements, mais aussi la destruction des abus, l'affranchissement des peuples, la liberté, le respect, l'amour et le dévouement; or l'influence religieuse développe tout cela. — En dehors il n'y a rien. — Combien de *grands mots* l'esprit contraire n'a-t-il pas mis en avant, jamais il n'a pu réaliser ; il s'est montré violent, oppresseur, cruel et spoliateur. Avec l'influence religieuse le respect de l'homme domine tous les calculs, sans elle le progrès ne servirait qu'à irriter les passions, augmenter les besoins, et, par là, à corrompre les masses.

Les jeunes gens qui n'ont pas de fortune courent après, il leur faut de *l'or* : sans *l'or*, rien ; avec lui, tout :

> L'argent a triomphé du respect, du courage,
> Zèle, fidélité, questions de courtage,
> Droits, principes, devoirs, on se passe de vous,
> Arrière et faites place aux pièces de cent sous !
> Pourvu que nous ayons l'existence commode,
> Le luxe, le confort, les douceurs de la mode,
> Que nous fait le restant ? (*)

Serait-il vrai que nous ne connaîtrions que l'intérêt, le plaisir, le caprice ? Malgré la civilisation et la diffusion des lumières, le goût, l'art, la vie intellectuelle, l'esprit de famille n'ont donc pas grandi ? Non. — La vérité du droit et de la justice est-elle remplacée par le fait, et n'y a-t-il de supériorité que la réussite ?

Serions-nous asservis par la chair, et nous traînerions-nous à la surface ? Les notions les plus saintes seraient-elles tièdement défendues ou abandonnées.

Si, comme nous venons de le dire, le mal est grand, il se fait néanmoins beaucoup de bien. A peine est-il question de calamité publique, les secours affluent de toutes parts. — Si l'erreur compte de zélés propagateurs, à quelle époque apporta-t-on plus de soins pour la combattre ? Que de beaux ouvrages ne voyons-nous pas surgir pour la

(*) Adrien Peladan, directeur de la *France littéraire*.

défense de la vérité? (*) Sans doute, il faut le reconnaître, la liberté absolue de la presse a cet inconvénient que les mauvais livres sont multipliés avec une plus grande profusion que les bons, et cela surtout parce qu'ils flattent les passions, mais tôt ou tard une société finit par comprendre ce danger. Lorsqu'elle voit les ravages qu'elle exerce sur les esprits, elle met de la résistance et ne laisse plus circuler le poison moral. Tous les gouvernements ont compris cela et, après certaines concessions, se sont vus forcés de poser des limites.

Nous invitons la jeune génération à revenir aux principes; sans eux où irions-nous? Avec eux c'est la probité, la morale, la propriété, les intérêts du pauvre et du riche, l'ordre, la soumission aux lois, le respect de l'autorité, plus de licence, plus de révolte, en un mot, la *charité universelle*, et au lieu de la guerre, la *paix*. Voilà le vrai progrès, n'en vaut-il pas un autre?

C'est un malheur pour un peuple de perdre ces traditions qui faisaient qu'à un moment donné on le voyait s'ébranler entièrement. Aujourd'hui, nous l'avouons, l'énergie semble nous abandonner, et nous laissons faire pourvu qu'on nous permette la tranquillité. *Que je puisse, dit-on, jouir de mes revenus en paix sur mes terres, c'est tout ce qu'il me faut.* Cela sent un peu l'égoïsme, mais puisque c'est la maladie de l'époque, il est difficile de la guérir. On est payé pour ne pas s'occuper trop de politique, car, sans rester indifférent à l'intérêt général, à quoi ont abouti ces diverses agitations dont nous sommes témoins depuis près de 80 ans? — Nous le savons, des améliorations étaient

---

(*) Il ne faut pas que nous soyons trop élogieux, car en face des belles publications dont nous parlons, il y en a de bien tristes, surtout sous le rapport des mœurs.

nécessaires, des abus existaient, mais les améliorations ne seraient-elles pas bien venues sans secousse? Les abus n'auraient-ils pas bien disparu sans violence? D'une liberté excessive on passait à un ordre de choses opposé; il en sera toujours ainsi tant que gouvernants et gouvernés ne s'appuieront pas sur le sentiment religieux.

Nous l'avons dit, il est de la plus haute importance pour une Société de ne pas s'abandonner à tout vent de doctrine, elle doit rechercher la vérité, et, lorsqu'elle l'a trouvée, s'y attacher fortement, sinon les plus grands dangers l'attendent.

Nous ne demandons pas que la religion devienne un instrument et que ceux qui la prêchent *soient dans les affaires* (*); le seul rôle qui convienne au clergé et le seul qu'il demande, c'est d'être libre d'annoncer la parole sainte et de l'annoncer à tous selon les règles prescrites par le Dieu de charité. — Les choses d'opinion ne se commandant pas, il sait les respecter. Il est toujours ami de l'ordre, et il ne parle contre le mal que pour le prévenir ou y remédier. Il y en a beaucoup qui ne comprennent pas son utilité parce qu'ils voient en lui l'ennemi des passions, et se permettent à cause de cela des attaques; d'autres, sans pré-

(*) L'idée d'appeler tous les grands corps de l'État à s'occuper des affaires publiques est belle et noble et on ne peut trop louer celui qui en est l'auteur. Nous aimerions mieux néanmoins que le clergé n'en fît pas partie, parce qu'il peut y perdre dans l'esprit des fidèles. Nous le disons, les choses d'opinion ne se commandant pas, comme il apportera son concours à des lois plus ou moins restrictives, on s'en prendra à lui et il ne fera pas le même bien. C'est si vrai qu'en 48 personne ne pensa à vexer, par la raison fort simple que sous le roi Louis-Philippe il se trouva absolument en dehors. Il est à craindre aussi que plusieurs y voient des motifs d'intérêt.

jugés haineux, ne veulent pas de son ministère parce que ce ministère leur déplaît pour eux-mêmes ; il y en a qui, tout en étant attachés à la religion, le regardent comme au-dessous d'eux, et n'ont des rapports que de politesse. Quoi qu'il en soit, le sacerdoce exerce une heureuse influence sur les masses, il n'est pas appelé en vain : *la lumière du monde, le sel de la terre* ; sa charité embrasse toutes les classes et tous les âges ; rien ne rebute son zèle, rien ne ralentit ses efforts, on le maudit, il bénit ; et sans flatterie aucune, nous pouvons dire qu'il n'y a point d'institution qui puisse présenter autant de garantie, ni assurer aussi bien l'accomplissement des devoirs sociaux. — Rien ne peut le suppléer, ni la force, ni la police.

On ne peut l'accuser d'ignorance, car on lui doit la plupart des établissements d'éducation. A toutes les époques on l'a vu briller au premier rang par l'étendue de ses connaissances, il a constamment accordé aux arts et aux sciences une protection éclairée ; il n'est pas inférieur à ses contemporains, et l'épiscopat peut à bon droit marcher de pair avec les corps les plus instruits.

Citoyens, ils aiment leur patrie et donnent l'exemple de la soumission ; catholiques, rien ne peut les séparer de Rome, et ils gémissent sur l'état actuel du souverain Pontife.

Plusieurs ont fait des reproches et ont demandé certaine simplicité chez les hauts dignitaires ; nous ne croyons pas que ce soit fondé, car, disciples de celui qui a donné l'exemple de l'humilité, ils n'oublient pas cette parole : *Qui voudra être le plus grand parmi vous, sera le serviteur des autres.*

Du jour où le clergé sera libre et du jour où on ne pourra dire qu'il est le *marchepied* d'un pouvoir quelconque, il aura toute force pour faire le bien. Il ne souhaite pas au reste d'être le dominateur temporel, il ne regrette point la puissance et les privilèges qu'il a perdus ; sans rester indifférent aux choses de ce monde il y prend la plus grande part en faisant connaître les beautés de la religion et en y ralliant ceux qui sont éloignés par l'ignorance de ses vérités. Il ne faut donc pas craindre son influence, elle ne peut avoir rien de tyrannique, car si au lieu de se servir de l'ascendant qu'il a pour l'avantage des individus il devenait homme politique, bien vite cet ascendant lui échapperait.

Il est de paix et de prière et sur ce terrain il remportera toujours la victoire.

En 1766, Jean avait 20 ans, c'était sous Louis XV. Déjà les idées d'une philosophie nouvelle tendaient à se développer. Le roi s'occupait peu des affaires, s'amusait, laissait les choses aller, prévoyant peut-être ce qui résulterait, mais dans un avenir éloigné. Cette insouciance de la cour et la licence des mœurs permirent d'un côté aux philosophes d'enseigner que Dieu n'existait pas et par conclusion que la loi du plus fort devait remplacer celle du plus juste.

Les grands eux-mêmes saluèrent ces principes et parurent contents de l'occasion offerte, pour se relâcher du devoir ; la bourgeoisie suivit la noblesse, enfin la foule eut son tour. Il fut de mode de secouer le frein de la morale et de laisser aux *pauvres d'esprit* le soin de porter encore le joug de l'Évangile.

Des livres corrupteurs se répandirent partout et, malgré la censure royale, inondèrent le pays de leurs productions impies. Du mépris de la loi de Dieu, dut résulter la négation de tous les devoirs.

Mais, pour arriver là, il y eut lutte, et elle fut d'autant plus grande que la foi existait encore. Il y avait en effet des âmes d'élite, tous ne fléchissaient pas le genou devant

Baal. Ne fallait-il pas que, dans la crise épouvantable qu'on devait traverser, il se trouvât des hommes dévoués plus qu'à tout autre époque, qui rappelassent les sacrifices que s'imposaient les fidèles au temps de persécution?

Jean se donna bien de garde d'entrer dans les idées nouvelles. « — Sans doute, disait-il, ce serait plus commode « de vivre comme on le veut maintenant, mais je ne sais « pas trop où cela nous mènerait. Au reste, Dieu ne peut « avoir changé, ce qui était vrai il y a plusieurs années « doit encore l'être, on parle d'abus : je pense que les « hommes seront toujours des hommes et que si on les « change pour un défaut, on en retrouvera un autre ; fous « sont ceux qui se laissent prendre à de belles paroles, il « est bien facile de promettre, mais il est plus difficile de « tenir ; en tout cas vienne qui voudra, les petits seront « les petits, il y aura toujours des petits. »

On se moquait de lui, on en riait, mais cela ne lui faisait rien. Ceux qui se disaient plus avancés le recherchaient néanmoins, car ils aimaient sa compagnie, aussi le dimanche, après vêpres, il ne manquait jamais de camarades pour faire la partie.

Un coup d'œil sur cette époque et sur la nôtre : Autrefois, après être venu à la messe, on regardait comme un devoir l'assistance aux vêpres. On trouvait qu'il y avait assez de temps encore pour s'amuser, puis comment s'amusait-on ? Les pères de famille d'un côté, les jeunes gens de l'autre, jouaient simplement à la boule ou aux quilles ; le perdant payait bouteille et après l'avoir bue, sans excès généralement, vite chacun rentrait chez soi. Des amis venaient rendre visite et on allait chez eux le dimanche suivant. Tout alors se passait en famille. En posant des bornes qu'il n'est pas bon de dépasser, la religion n'est donc point ennemie de la saine récréation. Tel était le tableau qu'offraient les petites villes et les campagnes encore avant 1830.

Aujourd'hui, pour beaucoup, les semaines succèdent aux semaines, sans repos ni trêve ; vie bien triste d'abord pour un homme qui doit se respecter et cependant mène une existence inférieure *aux êtres dénués d'intelligence*, ensuite pour un chrétien qui ne vient point voir son père, lui demander ses bénédictions et s'expose à porter seul le poids de ses misères. Ceux qui ont assisté à la messe n'auront pas le temps de venir à vêpres, mais le trouveront bien pour rester dans les cabarets ou les cafés jusqu'à 9 heures du soir. Comment passer tant d'instants sans grandes dépenses ? On a donc mangé une bonne partie du gain de la semaine et celui qui est marié n'a pas profité du moment où il pouvait se réjouir avec sa femme et ses enfants.

Un jour les amis de Jean lui dirent : « Viens avec nous, « nous allons bien nous amuser, il ne faut plus parler de « religion, c'est usé, tout est permis maintenant. »

« — Non, tout n'est pas permis, vous vous trompez. La « religion ne peut s'user, car Dieu est avec elle, tous ces « amusements dont vous parlez ne sont pas le bonheur, « croyez-moi, aimons Dieu, tout est là. »

Il avait raison, tout est là, car de ce principe découle l'amour des parents, le respect de soi-même, l'accomplissement des devoirs sociaux.

4. OUVRIER.

Jean avait appris l'état de maçon, il le connaissait si bien que tous voulaient l'avoir à journée, tant à cause de son activité que de sa bonne humeur.

En 1776, l'hiver, quoique tardif, car il ne commença guère que vers le 10 janvier, fut excessivement froid. On dit même qu'il surpassa celui de 1709, dont l'histoire a fait mention. Si les arbres éclatèrent en 1709, c'est qu'il n'y eut pas de neige. En 1776, elle tomba du 11 au 15 et atteignit à peu près 30 cent. Dans d'autres contrées, à Arras, il y en eut de *15 à 30 pieds.* Le thermomètre descendit le 20 à 16° Réaumur, le 31 à 19° et le 1er février à 19° 1/2. Paris n'eut guère que 15. L'hiver dura environ 24 jours. Une rivière que nous connaissons fut gelée à 30 cent. de profondeur. Dans la dernière quinzaine de janvier, il parut une si grande quantité d'alouettes, que Jean, avec une perche pour toute arme, en assomma de quoi remplir deux grands paniers ; il les vendit pour les pauvres.

Pendant ce temps, des secours furent organisés à Paris et ailleurs ; Jean suivit l'exemple donné par les autorités de son endroit et voulut être un des premiers pour distribuer du pain, du bois aux malheureux.

Au mois d'avril suivant, lorsque le bruit de la suppression des corvées se fut répandu, il alla trouver son curé et lui demanda si c'était vrai. — Oui, mon ami, lui répondit celui-ci, j'ai l'édit, écoutez, je vais vous le lire. — Le curé lut, mais ce ne fut pas sans être interrompu souvent : Le bon roi ! Il pense à nous. — L'heureuse nouvelle ayant été publiée, il y eut des réjouissances, Jean était à la tête.

Un bon chrétien n'est donc pas insensible au bien public ?

L'été fut très chaud puisque le thermomètre monta à près de 32° Réaumur, il fit donner des rafraîchissements aux ouvriers, et ne voulut pas qu'ils travaillassent au moment de la grande chaleur, leur tenant compte de la journée.

Examinant ses comptes, il s'aperçut qu'un ouvrier qui avait travaillé pour lui s'était trompé à son désavantage de 150 livres. Il pouvait croire avoir payé cette somme et perdu la quittance : l'ouvrier est mort; il calcule les intérêts des intérêts, va trouver les enfants et leur dit : *Tenez, voilà ce que je devais à votre père, je n'en savais rien; si je l'avais découvert plus tôt, j'aurais de suite payé cette dette.*

Un jour, ayant trouvé une bourse de 300 louis, il alla tout de suite la déposer chez M. le curé. Peu content d'avoir mis le dépôt en lieu sûr, il partit le lendemain pour M... et s'informa de tous côtés pour savoir à qui appartenait l'or qu'il avait trouvé. — De son côté, le perdant faisait faire des recherches, et fut heureux de savoir que son argent était en bonnes mains.

Ses camarades avaient proposé un gilet pour prix dans un jeu d'adresse et de force. — Jean, à peine a-t-il gagné le prix, qu'il prend ce gilet et le donne à un pauvre en lui disant : *Tiens, mon ami, emporte ce gilet, je n'ai qu'un corps à couvrir.*

L'été de l'année 1777 fut humide et froid. — Dans le mois de mai, le soleil parut au plus deux fois. — Le thermomètre à Paris descendit à 4° au dessus de 0. — En juin, 13 jours de pluie; en juillet, 19. — A Lyon, il tomba de la neige. — Jean fut très contrarié pour ses travaux, mais il ne voulut pas que ses ouvriers en souffrissent; il les dédommagea de son mieux.

Il se maria vers l'âge de 35 ans, se proposant avant tout la volonté de Dieu. Fidèle à ses engagements, il évita les occasions d'y manquer. Grand, bien formé, d'une figure assez agréable, plus d'une dut se présenter, mais il eut recours à Dieu et la grâce le soutint. Désireux de voir sa femme observer ses devoirs pour son propre salut et son bonheur, il était obligé de lui donner l'exemple.

Il y aurait bien des choses à dire ici sur la manière

actuelle de traiter le mariage. Beaucoup ne le comprennent plus avec des obligations réciproques ; ont-ils bien réfléchi sur le danger d'aller très loin ?...

Sachant que le temps consacré à la prière n'est pas perdu, qu'il rend au contraire plus fort et plus tranquille, il tâchait souvent, surtout en hiver, d'assister à la sainte messe avant sa journée. On nous a dit, nous le croyons, qu'il a dû plusieurs fois à cet exercice de n'être pas pris sous des décombres qui contusionnèrent des ouvriers à ses côtés. Un jour, démolissant un mur, on lui cria de se sauver, qu'il allait être écrasé : « Ah ! ma foi, j'en ai bien vu d'au-« tres. » Le mur tombe, une partie l'atteint, il n'est pas blessé.

Cependant 89 avait paru. Du moment que nous prenons le rôle d'historien, l'impartialité et la vérité doivent nous guider. Nous l'avons dit, si le mal est grand, il se fait beaucoup de bien. Notre époque, sous plusieurs rapports, l'emporte peut-être sur d'autres. L'exposition qui se pré-pare donnera la preuve du progrès, mais nous craignons que le bien-être qui devrait en résulter nous échappe. Ne comptons-nous point trop sur l'activité de notre esprit et pas assez sur l'influence religieuse ? N'y a-t-il rien à faire pour le clergé ?

Nous avons touché la première question. Disons main-tenant un mot de la seconde.

Par le temps qui court, les hommes étant accoutumés à la flatterie, ne pas marcher dans cette voie, c'est faire acte d'imprudence et s'exposer à être traité d'*original* ou de *rêveur*, tant pis. Nous avons toujours aimé la franchise, et comme dit le poète : *Dussions-nous être écrasé sous les débris du temple, nous exprimerons notre pensée, cependant nous déclinons toute idée politique.*

1789. Les états généraux, convoqués au mois de mai de

la susdite année, se constituèrent dans juin, en assemblée nationale. Après avoir supprimé les droits de chasse et de colombier, ce qui enlevait à la noblesse ses priviléges, ils s'emparèrent des biens du clergé qui furent estimés à 400 millions. La nation s'engagea à pourvoir à la subsistance des ministres du culte, et le traitement pour les titulaires fut porté à 1,200 fr. Beaucoup de ces biens furent aliénés, mais l'État en possède encore une partie assez notable pour en retirer un revenu annuel de plus 40 millions. Le traitement alloué au clergé n'est donc qu'une faible indemnité des biens que l'Église possédait légitimement, aussi nous ne comprenons pas pourquoi : 1º les uns ont parlé de le supprimer, ce qui serait un véritable crime ; 2º pourquoi on le laisse dans une insuffisance bien connue. (*)

Tous les gouvernements l'ont reconnu, aussi chacun a-t-il promis de l'élever successivement à 1,200 fr., comme la Constituante. Puisque les ministres protestants de troisième classe reçoivent 1,500 fr., pourquoi ne pas donner le même traitement à ceux qu'on nomme desservants? Le ministre protestant est marié et c'est sans doute en raison des charges de famille; le prêtre catholique n'a-t-il pas pour famille tous les pauvres de sa paroisse?

Plusieurs diront peut-être : mais le casuel? Nous répondons que pour beaucoup, comme pour nous, il est presque nul. Si le maximum atteint 50, le minimum est 0.

(*) Les 1,200 fr. de la Constituante représentaient plus de 2,000 de notre époque. — Si nous prenons à tout hasard le prix des denrées, nous trouvons pour la livre ou le demi-kilo : le pain à 2 s; le bœuf à 6 ; le mouton et le veau à 4 ; le beurre à 8 ; le sucre à 10; le café Martinique vert à 13 s; l'ordinaire à 12; le marchand à 6 s 9 deniers.

Nous avons entendu formuler le vœu que les mariages et les inhumations eussent lieu gratuitement pour tous, dans les campagnes; ce serait sans doute un bon moyen d'arriver à la dotation convenable, alors les cérémonies seraient les mêmes. Rien n'empêcherait ceux qui en voudraient de particulières de les demander, dans ce cas ils les rétribueraient.

Nous laissons cette question à la décision de l'autorité compétente et la révoquons si elle la désapprouve; c'est à elle de prononcer. Nous observons cependant que c'est moins pour nous personnellement que nous l'émettons que pour ceux dont nous sommes chargé. Qu'il est dur de voir des souffrances autour de soi et d'être sans moyens pour les soulager !

Puisque nous venons de nommer les *desservants*, un mot à ce sujet :

L'Église a toujours eu soin d'assurer aux pasteurs des âmes une existence fixe et indépendante; le titre de desservants, qu'on nous permette de le dire, n'a jamais souri à la cour de Rome, et cela à juste titre. Le Souverain Pontife au contraire a réclamé, et, s'il a toléré, c'est dans *l'attente de meilleurs jours*. Il se conformait en cela aux décisions des conciles et à l'usage de l'Église. Les évêques ont donc pu se soumettre à la prescription qui voulait qu'il n'y eût qu'un curé par justice de paix, mais rien ne les empêchait de regarder chaque curé comme *inamovible* et de lui donner son vrai titre.

L'évêque en laissant un curé, comme dit le concile de Nîmes, toute sa vie dans une paroisse, n'en retire aucun désavantage; son pouvoir n'en souffre pas; le curé y gagne aussi, car il ne peut plus être le jouet d'un châtelain, d'un maire, d'un instituteur ou de n'importe qui.

La domination de l'évêque ne peut être que paternelle,

juste, il n'y a donc rien à craindre de ce côté; si les articles organiques ont paru donner plus d'autorité à l'épiscopat, ils lui ont suscité plus d'entraves. Un curé de canton peut faire une faute ; si malheureusement il y persévère, il restera à son poste malgré l'évêque. L'amovibilité ne vient donc pas des évêques, elle ne leur profite pas, mais seulement aux ennemis du sacerdoce.

1790. Beaucoup des décrets qui détruisaient les abus et et amélioraient jusqu'à un certain point la position du clergé inférieur, furent acceptés avec un certain enthousiasme ; bientôt, comme nous le verrons, on alla plus loin et on passa vite de la liberté au despotisme.

L'anniversaire de la prise de la Bastille, prison d'état, contre laquelle on a tant crié, mais qui, dans le fond, n'avait peut-être pas l'importance qu'on a voulu lui donner, fut célébré par l'incendie de plusieurs châteaux. Le seigneur de Jean, M. de T..., l'ayant fait venir travailler chez lui, parla des affaires du temps et lui demanda ce qu'il pensait.

« Je ne suis qu'un maçon, répondit-il, mais on entend
« tant de choses mauvaises, que je crains que vous ne
« soyez obligé de quitter vos terres. On en veut à la no-
« blesse, sans savoir pourquoi, car, à part quelques exi-
« gences, comme vous êtes bons pour nous ? Vous avez
« pitié du pauvre monde et vous donnez du pain, du bois
« et des vêtements aux pauvres. »

« — Tu crois qu'on nous en veut à ce point ?

« — Je le crains. »

Jean avait raison. Dès 1791, ce bon M. de T... abandonna sa patrie comme les autres nobles pour se dérober à la fureur du peuple qui attentait à leur vie. Plusieurs avaient fait le bien et si on considère les rapports qu'ils établissaient avec leurs subordonnés, nous serons étonnés *des services rendus*. Cependant, avouons-le, quelques-uns abusaient de leurs priviléges. — La noblesse actuelle n'a pas les mêmes avantages, seulement on lui reproche de compter trop sur ses titres et de ne pas se mêler assez aux masses.

On a voulu blâmer l'émigration, qu'il nous soit permis de dire qu'elle était de droit naturel ; n'était-il pas juste de se soustraire par l'exil à la persécution et à la mort?

Cette même année, la royauté fut avilie, un schisme établi, toutes les vieilles coutumes détruites et l'élection appliquée à tous les services publics.

Quoique Jean ne fût qu'un simple ouvrier, ces changements l'attristèrent, il comprit que peut-être bientôt, au milieu de toutes les libertés dont on parlait avec enthousiasme, la plus précieuse, celle de rendre ses devoirs à Dieu, lui serait ôtée. Chose digne de remarque : Ceux qui soulevèrent le peuple contre l'absolutisme, devinrent ses plus grands despotes puisqu'ils violentèrent jusqu'à sa conscience.

5. CRISE.

Il ne se trompait pas. Le 21 janvier 93, un des meilleurs rois de France, après un règne de 19 ans consacré entièrement au bonheur de son peuple, mourait martyr sur l'échafaud. Malheureusement il ne fut pas compris et manqua, il faut le dire, de l'énergie que réclamaient les circonstances. Notons cependant qu'elles étaient devenues très difficiles. Les doctrines anti-religieuses avaient sapé tous les principes, le délire alla si loin que les temples furent fermés, les autels souillés ou détruits. L'année avait commencé dès le 21 septembre précédent, jour de la fondation de la République, divisée en 12 mois égaux, plus cinq jours complémentaires appelés *sans-culotides*. Les 3 mois d'hiver avaient été nommés : nivôse, pluviôse, ventôse ; ceux du printemps : germinal, floréal, prairial ; d'été : messidor, thermidor, fructidor ; d'automne : vendemiaire, brumaire, frimaire. Le repos du dimanche aboli et transféré au dixième, sous le nom de décade ; en sorte qu'il y en avait trois par mois. Les saints remplacés par des noms d'animaux, de plantes et d'instruments propres à chaque saison.

Si on se fût contenté de désigner les six jours de la semaine sous le nom latin qui semblait en faire la base et conservé le dimanche, passait encore ; les noms des mois paraissaient mieux appropriés avec la température ; mais supprimer les solennités religieuses et remplacer des noms révérés par de scandaleuses indications, fut un tort très grave.

Ces changements attristèrent les vrais catholiques, et la foi, qui semblait morte chez plusieurs, se réveilla avec une énergie digne des premiers temps de la religion chrétienne. La *Constitution civile* qu'on avait voulu imposer au clergé fut répudiée par lui d'une manière admirable, mais vint briser les liens qui unissaient le troupeau et le pasteur. Il n'en pouvait être autrement. S'il n'eut été question que d'intérêt humain, disciples du maître, ils eussent marché sur ses traces et renoncé de bon cœur à tous les priviléges, mais il fallait se séparer du Chef de l'Église, ou ne le reconnaître que par forme, être enlevé à ses juges naturels pour subir un joug plus ou moins odieux, ils se trouvèrent donc dans la nécessité de quitter la patrie. Quelques-uns restèrent, pour donner des secours religieux suivant les circonstances, mais furent obligés de se déguiser et de se cacher. On en prit plusieurs qu'on déporta au loin ou qu'on massacra impitoyablement.

La *Constitution civile* du clergé, quoique réprouvée par l'immense majorité, fut néanmoins, il faut le dire, saluée par quelques-uns avec enthousiasme. Il s'en trouve toujours qui aiment les nouveautés. Des prêtres donnèrent tête baissée dans le schisme, leur conduite prouva plus tard qu'ils n'étaient pas de vrais ministres de Jésus-Christ. Plusieurs de ceux qui avaient prêté serment se rétractèrent et ceux qui persévérèrent dans l'erreur furent si vite en mépris qu'ils cessèrent toutes fonctions. L'Église qu'on essaya de former sous le nom de *Nationale*, croulant par sa base, ne pouvait se maintenir : d'un côté, elle n'avait qu'une autorité purement humaine; de l'autre, ses ministres, *officiers civils*, manquaient de tout ce qui est nécessaire pour gagner les cœurs.

Il y en a encore de nos jours pour lesquels les enseignements historiques sont insuffisants. Ce qui s'est passé à une époque devrait éclairer : non, on n'a pas l'air de comprendre. Qu'on sache pourtant que séparer l'épiscopat de Rome serait lui ôter toutes racines, il n'aurait plus raison d'être, car le Souverain Pontife est la tête, les autres les membres.

Le clergé en masse se rallierait donc à son chef et aurait raison pour cela, car en dehors, nous l'avons dit, il ne formerait plus qu'un corps d'employés civils, sans mission pour le gouvernement des âmes.

Peut-être de beaux appointements feraient impression sur quelques-uns, nons avançons qu'ils seraient en petit nombre, et, comme l'appétit vient en mangeant, ils demanderaient probablement un *relâchement dans la discipline*, ce qui bientôt les avilirait.

Le gouvernement du clergé, tel qu'il est constitué, est donc le seul qui lui soit propre. — Basé nécessairement sur la charité, il ne peut s'en départir sans manquer à un devoir très grave. — Quelquefois les évêques peuvent être trompés; il n'en est aucun, quand la lumière s'est faite, qui ne soit vite revenu sur ses pas et n'ait rendu justice. — Les brebis égarées, mais soumises, ont toujours trouvé la paternité; l'orgueil seul, la résistance.

La question que nous touchons est plutôt un hors-d'œuvre qu'autre chose, car personne ne pense à diviser ce qui est uni. Ceux qui nous gouvernent sont trop éclairés et trop bienveillants, pour chercher à réaliser les utopies rêvées par plusieurs.

Disons-le, car l'histoire doit être impartiale, des abus s'étaient glissés dans le clergé; ils avaient pu contribuer à entraîner quelques-uns. Ceux qui étaient à la tête n'apportaient pas toujours la bonté et la douceur si recommandées par l'apôtre. Plusieurs, *nous a-t-on dit,* s'occupaient peu des prêtres leurs subordonnés et n'entretenaient presque jamais de relations avec eux. Nous avons entendu faire cette objection par un vieux curé qui, à cette époque, tomba dans l'*erreur* et il l'apportait pour excuse. Nous ne pouvons que le blâmer d'avoir suivi ce chemin, car quand même son supérieur aurait manqué à son devoir, ce n'était pas une raison de déroger au sien. (*)

L'ambition fit tourner la tête à plusieurs; l'occasion de monter se présentant, ils la saisirent avidement. Citons un simple curé de campagne, qui, à force d'intrigues, de pro-

(*) Après une étude sérieuse des temps, nous constatons avec bonheur que les évêques, quoique presque tous grands seigneurs, se montraient très affables et d'une simplicité remarquable dans leurs rapports avec leur clergé.

messes et même au refus d'un grand nombre, s'empressa de mettre sur sa tête la mître épiscopale. Nous croyons qu'elle dut lui être bien *plus lourde* que son *bonnet carré*. (*)

Le dixième jour, comme nous l'avons dit, remplaça donc le dimanche et chacun fut obligé non-seulement de se reposer, mais d'assister à la messe des prêtres jureurs ou intrus. Dans beaucoup de localités on ne voulut entendre parler ni de cette messe, ni des autres cérémonies, et à cause de cela il y eut des vexations. Plusieurs de ceux qui refusèrent furent menés de force et, après les offices, promenés sur un âne et d'une manière ridicule. D'un côté nous avons à louer Jean de son courage, il se montra récalcitrant et ne voulut jamais communiquer qu'avec les prêtres catholiques ; de l'autre, nous devons blâmer un des nôtres qui, sans être méchant, n'apporta pas la même réserve, Dieu l'a puni par une *maladie expiatoire*, et récompensé par un *vrai retour à lui*.

Nous nous sommes permis cette digression moins pour faire un cours d'histoire, car il y a mille choses qui

---

(*) Si nous blâmons ici M. le f..., curé de B..., c'est parce qu'il posa lui-même sa *candidature* à l'épiscopat, fit tous efforts pour y arriver et surtout prit la place de l'évêque légitime.

En dehors d'un cas semblable, qu'on nous permette de le dire, rien n'empêche le choix d'un curé de campagne, il y en a parmi eux qui sont très dignes.

Sans doute aux yeux de la foi, ce n'est pas un avantage, c'est au contraire *une charge que les saints fuyaient,* mais un prêtre qui a vu les misères de près les comprendrait bien et serait apte à les guérir. L'expérience étant nécessaire, on pourrait ne prendre que parmi ceux qui ont été *au moins pendant 25 ans à la tête d'une paroisse* et sont distingués par *leur science et leur piété.*

n'entrent pas dans notre but, que parce qu'elles sont nécessaires pour un fait dont nous allons parler :

Les églises avaient été converties en clubs ; on avait brisé les statues des saints et en leur place on voyait celles de Robespierre, de Marat et de Brutus. Jean, ayant reçu ordre de travailler dans l'église pour quelques réparations, se dit : « Voilà des saints qui ne sont pas dans le calendrier, ce « n'est pas ici leur place ; je suis seul, on va peut-être se « défier de moi, tant pis, je les démolis. » Aussitôt les statues volent en éclats.

Quoique l'idée politique n'y fût pour rien, car il ne s'occupait que de ce qui était religieux, cette action manqua de lui coûter la vie, il fallait bien moins à cette époque. Le bruit s'en répandit, mais l'officier de l'état-civil qui connaissait Jean et lui portait intérêt, attribua le tout à un accident ; les choses ne furent pas poussées plus loin.

Déjà il avait manqué de se compromettre en enlevant le Christ des lambris pour empêcher qu'il fût profané et peut-être brisé. Il s'entendit à cet effet avec un menuisier, et tous deux nous ont ainsi conservé un chef-d'œuvre. S'ils méritent d'être loués sous le rapport religieux, sous le rapport de l'art nous avons une sculpture en bois, grandeur naturelle, dont les muscles et les nerfs ressortent si bien qu'on jurerait un homme, on voit la souffrance et en même temps le cachet de la divinité. Nous regrettons qu'une peinture grossière l'ait défigurée.

Jean prit aussi le rituel de l'église, le cacha avec soin sous le chevet de son lit pendant la révolution et le rendit lorsque le culte fut rétabli.

Étranger à tout parti, personne ne pensa à le vexer. Il inspirait au contraire une si grande confiance que, comme nous allons le voir, royalistes et républicains étaient venus se réfugier chez lui.

Un prêtre catholique fut caché dans sa maison. Nous avons vu nous-même le cabinet, derrière tapisserie, où il se tenait pendant le jour. Il en sortait la nuit pour porter aux malades les secours spirituels, faire les mariages, dire la sainte messe et donner la communion aux fidèles. Jean l'accompagnait souvent, et, pendant que M. l'abbé s'acquittait de ses fonctions, veillait pour avertir en cas de danger. Il est vrai, ceci fait honneur au pays, il eut quelques victimes, mais il se montra bon et compatissant. Plusieurs savaient qu'un prêtre était chez Jean, personne ne dénonça, bien plus, des républicains s'asseyaient à la table de l'abbé. Il est bon de savoir que, dans ces contrées, de prétendus royalistes, sous prétexte d'opposition à la République, pénétraient la nuit dans les maisons, volaient et massacraient, en sorte que trois *patriotes* avaient cru prudent de se réfugier en ville et avaient choisi la maison de Jean. Des hommes appartenant aux deux partis opposés lui durent donc la vie.

Ses sentiments religieux ne l'empêchèrent pas de prendre les armes pour la défense de la patrie, et dans plusieurs occasions il fut des premiers à marcher en avant.

On est heureux de citer de belles actions, et, lorsque ceux qui en sont les auteurs vous appartiennent par les liens du sang, il est permis d'être fier. D'un autre côté, pourquoi ne pas rappeler les bonnes choses? Combien y en a-t-il qu'on oublie et qu'on est bien aise d'oublier? On semble content de dire le mal, mais on se garde de se souvenir de ce qui peut honorer une famille. En tout cas ce n'est pour nous qu'une compensation.

Ayons soin d'ajouter que lorsque les prêtres de la M... incarcérés à L... passèrent à... pour se rendre à Rambouillet, Jean fut un des premiers à aller au-devant. Il voulut s'approcher et offrir du vin, du pain, du linge, et ne tint nul compte des coups de baïonnette dont on le menaça. Qu'il eût été heureux de les secourir ! Il fut repoussé comme bien d'autres, car, il faut rendre justice aux habitants, il n'était pas seul. Plusieurs même violèrent de nouveau la consigne pour être utiles aux malheureux proscrits et reçurent des contusions. Jean resta attéré à la vue des mauvais traitements qu'on faisait subir aux prêtres et surtout lorsqu'il sut qu'on les forçait à passer la nuit dehors à une époque où il gelait déjà, en sorte que le lendemain leurs habits étaient collés à la terre. (*)

Il serait utile, nous le disions, que dans chaque pays on rappelât les belles actions de l'époque, ce serait une page importante pour l'histoire de l'église de France. Il y a des diocèses où bien des choses ont été recueillies, il y en a d'autres où on les a laissées dans l'oubli. Nous ne pouvons donc trop féliciter celui qui vient de publier une *notice biographique* sur un prêtre de Chartres, mort martyr dans cette ville pour *non-prestation de serment*. Outre l'intérêt qu'offre un écrit plein de cœur et de foi, il comble une lacune, raconte des faits précieux et montre au clergé chartrain un membre dont il devra être fier. Il est probable que beaucoup ignoraient des détails dignes de leur méditation. En face de la défection, n'est-on pas heureux de trouver la persévérance ?

(*) Nous ne croyons pas que des scènes de ce genre puissent se présenter. Notre société a deux motifs puissants pour qu'il en soit ainsi : 1° La liberté dont elle est fière et qu'elle veut pour tous; 2° La vengeance d'en haut qui a poursuivi ceux qui ont insulté la religion et ses ministres.

6. ENFANTS ET PETITS-ENFANTS.

Pendant ce temps, les enfants de Jean avaient grandi ; ils étaient au nombre de quatre, deux garçons et deux filles. Le plus jeune, venu au monde au fort de la révolution, a été baptisé par l'abbé R..., les autres admis à leur première communion. Ils l'ont faite, la nuit, dans une grange. Le père Jean seul s'est chargé de donner des leçons de catéchisme ; il s'en est si bien acquitté que le bon prêtre fut étonné de leur science. Nous l'avons dit, en commençant, il y a des hommes qui avec la simple connaissance des vérités religieuses l'emportent sur les grands philosophes.

Par la suite les deux garçons prirent la truelle du père, les filles le rouet de la mère et aidèrent celle-ci dans les soins du ménage.

L'aîné fit, comme on dit, son tour de France, et travailla longtemps à R... pour se perfectionner ; à son retour au pays, il épousa une journalière, personne que nous avons admirée en raison de sa douceur et de sa piété. Elle lui donna deux filles dont l'aînée est religieuse, l'autre mariée.

Le jeune, obligé de partir comme soldat, sous le premier Empire, quoiqu'il eût obtenu le plus haut numéro du canton, entra dans les sapeurs de la garde et succomba à la bataille de Leipsik.

Le père Jean aimait beaucoup ce fils, il le pleura toute sa vie, aussi malgré sa résignation et en dehors de toute idée politique, il disait en parlant de l'Empereur : « C'était « un grand homme, il a r'ouvert les églises, mais il a fait

« mourir mon pauvre François, malgré cela je ne puis
« m'empêcher de l'aimer. » (*)

Les deux filles se marièrent successivement. L'aînée
après être restée quelque temps avec sa mère prit un sous-
officier de la République. La plus jeune se loua dans une
maison bourgeoise pour la modique somme de *trente francs*.
Différence des temps : aujourd'hui il faut parler de 200 à
300 francs et encore au bout de l'année le prix devra être
augmenté, sinon on ira ailleurs ; malgré ce gain on n'aura
rien devant soi, si même on ne fait pas de dettes. Autrefois on mettait quelque chose de côté, et on restait plusieurs années. La jeune fille a-t-elle gagné au *progrès* et
les maîtres sont-ils mieux servis ? Elle ne quitta que pour
se marier à un ouvrier.

L'aînée eut cinq enfants : deux garçons et trois filles ; la
jeune quatorze, dont onze garçons. Elle ne s'étonna pas
de ce nombre, contrairement à ceux de notre époque qui,
lorsqu'ils entendent parler d'un semblable chiffre, ne le
conçoivent pas et s'en moquent, oubliant ces mots du pro-
phète : *Votre femme sera dans l'intérieur de votre maison
comme une vigne fertile. Vos enfants seront autour de votre
table comme de jeunes plants d'oliviers.* Ceci est une faveur
du Ciel, car il est ajouté : *Ainsi sera béni l'homme qui craint
le Seigneur.*

Le père Jean comprenait cette vérité, aussi son plus
grand bonheur était de voir ses petits-enfants autour de
lui. Il aimait à les réunir chaque dimanche et à leur parler

______

(*) En 1815, lors de la seconde invasion, deux soldats étrangers
voulant le molester parlèrent mal de l'Empereur ; il leur
répondit : *Je revois avec bonheur nos anciens rois,* mais je ne
permettrai pas qu'on *insulte au malheur.* Puis, sans autre
explication, il les jette à la porte.

du bon Dieu. Comme il était content lorsque les uns ou les autres le tiraient par sa veste ou sa blouse pour obtenir quelque chose !

Tous les ans, il ne manquait pas de se rendre en pélerinage à Sainte-Anne et de les y conduire. Dans sa foi, qui était vive, il avait placé comme avant-garde, dans le creux d'un hêtre, à moitié chemin de .... à la chapelle, une statuette de la sainte, que les pélerins saluaient. On s'y reposa dans la suite pour reprendre la route avec plus de courage.

Quoique maître maçon et entrepreneur, il travaillait avec la simplicité de l'ouvrier, ne s'élevant jamais au-dessus et ayant pour tous les plus grands égards.

Non-seulement il faisait ses pâques, mais de plus communiait aux principales solennités et observait régulièrement le jeûne du carême, même à sa journée. A 82 ans, il remplissait encore ce devoir. Tous les soirs il disait son chapelet, il récitait souvent les litanies de la sainte Vierge, et, en hiver particulièrement, faisait une lecture spirituelle, soit dans l'Imitation, soit dans les Fins dernières. Il ne se fâchait jamais et son plus grand juron était : ma foi !

Il avait toujours désiré qu'il y eût un prêtre dans sa famille ; pour lui, le prêtre était tout. Son vœu devait être exaucé, mais Dieu lui refusa d'en devenir témoin. Il mourut en effet peu de temps après l'entrée de son petit-fils au grand séminaire.

Celui-ci eût été heureux d'assister à ses derniers moments ; on nous a dit qu'ils furent si édifiants que son confesseur s'écria tout haut : *c'est un saint.* Lorsqu'on lui apporta le viatique, il se décoiffa, se leva sur son séant et proféra de la manière la plus touchante le : Je crois en Dieu, puis il ajouta : « Je crois que vous êtes ici présent dans « la sainte Eucharistie ; mes yeux ne vous voient pas,

« mais la foi vous découvre à mon esprit et à mon cœur. »

Les assistants fondirent en larmes et quelques-uns ne purent s'empêcher de dire : *On est heureux de mourir ainsi.* A l'exemple des patriarches il voulut bénir ses enfants, puis sans effort, sans agonie, il rendit sa belle âme à son Créateur. Il était âgé de 88 ans.

Fortement constitué, il est vrai, mais évitant les excès, il était parvenu à cette vieillesse sans d'autre infirmité qu'une certaine surdité causée par le repavage d'un four encore chaud. A 86 ans il montait encore facilement aux échelles et sur les bâtiments. C'est le cas de s'écrier : *Le juste est comme l'arbre planté sur le bord de l'eau, son feuillage sera toujours vert et tout ce qu'il fera prospérera.*

Nous avons oublié de dire qu'il était veuf depuis de longues années. Il pleura sa femme, mais surtout la recommanda à Dieu dans des prières fréquentes ; il fit souvent célébrer le sacrifice de la messe à son intention, quoiqu'il parût rassuré sur son sort.

« Elle est venue une fois, disait-il, pour me demander
« une messe en l'honneur d'un saint auquel sans doute elle
« s'était recommandée de son vivant, ensuite me remercier ;
« depuis je ne l'ai jamais revue. C'était la nuit, il est vrai,
« mais je ne dormais pas, la preuve c'est que j'étais levé.
« Je prie encore et fais prier néanmoins, les prières n'é-
« tant point perdues. »

Bon vieillard, nous ne t'avons pas oublié, n'oublie pas non plus tes enfants et tes petits-enfants. Un de ceux-ci est heureux aujourd'hui d'apporter *une fleur sur ta tombe* et de l'y déposer en signe de reconnaissance. Il a besoin de se rappeler ton souvenir pour se consoler, car il a souffert et il souffre encore.

Éloigné du pays où tu reposes, innocente victime du malheur, comme homme nous pourrions nous plaindre,

mais comme chrétien il faut nous soumettre de bon cœur
à la volonté suprême, *fiat, fiat !*

7. APOLOGUE.

Un ouvrier eut un grand nombre d'enfants ; il les éleva
de son mieux, et par son industrie réussit à donner de
l'éducation à chacun. L'aîné sur lequel il comptait beaucoup ne profita pas des facilités dont il était doué et usa
mal de ses connaissances. Jusqu'à ce moment, la maison
de l'ouvrier avait prospéré. Des lectures philosophiques et
romanesques exaltèrent l'imagination du fils, lui firent
croire qu'il était un *personnage,* de là il quitte les habi-
tudes d'ordre et se jette dans la paresse. Le sentiment religieux affaibli, il ne respecte plus rien, impose à son père
et à ses frères des dettes que tous ignorent, tombe au-
dessous de ses affaires et dans sa chute entraîne la maison
paternelle. Parents succombant au chagrin, enfants dis-
persés, ruine complète, tel est le bilan. L'ignorance pour
un homme comme celui-ci n'eût-elle pas été préférable?

Le père, sans être exempt de défauts, ne péchait pas par
le cœur, il aimait à rendre service ; quelquefois même il
fut victime de sa complaisance, mais ne se laissa jamais
entraîner à des désirs de vengeance. Faisant de bonnes
affaires, il comptait toujours sur le succès, et comme les
généraux d'armée, tenant pour rien certaines défaites par
l'espoir d'une revanche, il se trompa ; la victoire fut contre
lui.

Chercha-t-il à frauder ses créanciers ? Non, tout leur fut
abandonné. Plusieurs cependant avaient profité avec lui, car
en lui prêtant à 20 p. 0/0, ils ne pouvaient guère *espérer.*

Celui qui tombe est toujours *coupable ;* on ne lui tient

guère compte de sa bonne volonté et on se plaît souvent à l'écraser lui et les siens.

Il faut qu'on nous comprenne bien, car notre rôle d'historien nous impose l'impartialité, nous osons même dire qu'aucun intérêt ne nous fera jamais *reculer d'un pas.*

Voici les faits :

R... avait besoin d'argent; J... en avait besoin également. Ils se garantissent mutuellement auprès d'un tiers, et la somme dont chacun a besoin est accordée. Les chances à ce moment paraissaient les mêmes, le premier pouvait tomber comme le second ; le malheur voulut que ce fût R..., J... se trouva donc obligé de rembourser la somme de R..., et celui-ci devint son débiteur.

A la vente des biens de R..., J... était privilégié et une somme fut laissée pour lui revenir plus tard. L'a-t-il reçue en entier ou n'en a-t-il eu qu'une partie? Nous n'examinons pas.

Nous citons seulement pour attirer l'attention sur un incident qui s'est produit et même, nous dit-on, a été soumis à l'examen de *théologiens.*

Nous ne nous donnons pas comme tel, il s'en faut beaucoup, mais nous trouvons la question si simple que nous sommes surpris de l'indécision.

Lorsque R... emprunta, son fils n'était ni en majorité, ni au pays ; il ignora absolument la transaction, car on ne le consulta nullement, on n'y pensa même pas. Nous l'avons dit, R... paraissait aussi solvable que J..., il ne pouvait donc être question du fils. Lorsque R... tomba, le fils n'intervint ni par lettre, ni verbalement, et J... fit tout ce qu'il put pour rentrer dans ses droits. *On compta,* dit-on, sur le fils; très bien, si on a voulu faire un *roman* ou du sentiment, mais où est l'obligation? Nous osons dire qu'il n'y en a ni de droit divin, ni de droit positif civil.

Nous ne voulons pas blâmer, il s'en faut beaucoup, ceux qui cherchent à se faire rembourser, mais les moyens doivent être honnêtes. Admettra-t-on que quelqu'un appartenant à un corps *très respectable* ait pu dire à celui dont nous parlons : *Je vous nuirai partout et vous ferai autant de mal que possible ?* Non, il y a dans ce langage défaut de cœur et *opposition la plus grande à l'esprit de l'Évangile*, la charité.

Il faut que la personne qui a parlé de cette sorte *ait subi une grande influence* ou fait preuve de légèreté, car elle *n'a connu les choses que par les intéressés*. Cependant, ô aberration des principes ! plusieurs lui donnent raison.

L'incident que nous venons de rapporter prouve en faveur de ce que nous avons dit au commencement sur l'éducation, il démontre aussi que les motifs d'intérêt peuvent rendre injuste et qu'on s'appuie souvent sur eux pour victimer des innocents.

FIN.

Ruan, novembre 1866.

L. BOUDEVILLAIN.

TABLE.

	PAGES.
Avant-propos.	3
1. Enfance.	5
2. École	5
3. Jeunesse	8
4. Ouvrier.	17
5. Crise	24
6. Enfants et petits-enfants	32
7. Apologue	36

Châteaudun, typ. A. LECESNE.